TÚ NO MORIRÁS

EL PESO DE LOS DÍAS

128

GABRIEL MARCEL

TÚ
NO MORIRÁS

Edición de
Anne Marcel

EDICIONES SÍGUEME
SALAMANCA
2026

Traducción de Mercedes Huarte Luxán
sobre el original francés *Tu ne mourras pas*,
textes choisis et présentés par Anne Marcel

Imagen de cubierta: Josef Čapek, *Desnudo abstracto* (1916)
y de guardas: *Dos niños* (1917)

© Éditions Arfuyen, 2005
© Ediciones Sígueme S.A.U., 2026
  C/ García Tejado, 23-27 - E-37007 Salamanca / España
  Tlf.: (+34) 923 218 203 - ediciones@sigueme.es
  www.sigueme.es

ISBN: 978-84-301-2288-2
Depósito legal: S. 39-2026
Impreso en España / Unión Europea
Imprenta Kadmos, Salamanca

ACLARACIÓN

ANNE MARCEL

Los textos que integran en este libro no necesitan que nadie los presente ni los contextualice, porque se bastan por sí mismos. Bajo su sencilla apariencia, reclaman simplemente darles una oportunidad para iluminar el corazón de quien se acerca a ellos.

A mí me corresponde, a lo sumo, recordar que, desde su más tierna infancia, Gabriel Marcel preguntaba a sus padres: «¿Dónde están los muertos?». Y como los adultos le contestaban que no sabían, él les aseguraba que cuando fuera mayor se esforzaría por averiguarlo…

El hombre maduro no traicionó su promesa infantil. Primero como estudiante y después como joven profesor de filosofía, consagró lo esencial de su reflexión a los temas que conciernen más íntimamente a nuestra vida, como la relación que existe entre presencia y recuerdo, o entre saber y fe.

Durante cerca de veinte años, la experiencia espiritual ocupó el centro de sus preocupaciones, sin que, a pesar de ello, sintiera que tenía derecho a llamarse cristiano. Solo a la edad de treinta y nueve años tendrá la convicción de estar en el camino de Cristo e ingresará en la Iglesia católica. Allí descubrirá a su verdadera familia, a la que, a pesar de las dificultades, permanecerá fiel hasta su último aliento.

Una convicción, a modo de bajo continuo, le acompañará a lo largo de su reflexión: que nuestra fe tan solo puede ser real en la medida en que es recibida como una gracia, en absoluto cuando es conquistada por la meditación. La carta del apóstol Pablo a los romanos nos lo recuerda: el Espíritu en persona es quien se une a nuestro espíritu para atestiguar que somos hijos de Dios, y nos permite exclamar al fin: ¡Abba, Padre! (Rom 8, 15-16).

En los años de la posguerra que siguieron a la Segunda Guerra Mundial y hasta el final de su vida, la meditación lo llevará a preguntarse por lo que constituye el fundamento de la dignidad humana. A este respecto escribe: «Corresponde a los hombres de buena voluntad, cualquiera que sea su confesión, abrirse cada vez más unos a otros y trabajar así por la constitución o la instauración de este Cuerpo místico que sigue siendo para mí la exigencia suprema de una conciencia libre y creyente».

Frente a la progresiva deshumanización que Marcel veía extenderse en el mundo contemporáneo, el filósofo consideró con trágica lucidez que la respuesta la hallaría en los recursos espirituales que le proporcionaba su experiencia de fe.

Y también nuestro tiempo tiene la necesidad de encontrar más que nunca una respuesta semejante.

MEDITACIÓN

Espíritu de metamorfosis,
cuando intentemos borrar la frontera de nu-
*   bes que nos separan del otro reino,*
¡guía nuestro entusiasmo de novatos!
Y cuando suene la hora prescrita,
¡despierta en nosotros el gozo del caminante
*   que cierra su mochila*
mientras, tras el cristal empañado,
avanza la imprecisa eclosión de la aurora!

CREO QUE HE SIDO SIEMPRE UN FILÓSOFO del umbral, un filósofo que se mantenía, por otra parte, de una forma bastante incómoda en una línea intermedia entre los creyentes y los no creyentes; que en cierto modo me permitía apoyarme en los creyentes, apoyarme en la religión cristiana, pero de modo que pudiera hablar a los no creyentes, que pudiera hacer que ellos me entendieran y, tal vez así, conseguiría ayudarlos.

ME INCLINARÍA A NEGAR la cualidad propiamente filosófica a cualquier obra en la que no se pueda discernir lo que llamaré la mordedura de lo real.

Añadiré que, en el desarrollo de una filosofía, por desgracia hay casi siempre un punto a partir del cual el instrumento dialéctico tiende a sonar por sí solo, es decir, sin que nadie lo toque.

Para el pensamiento existe cierto estancamiento, parecido al de una charca, solo que el estancamiento se disimula con mucha frecuencia mediante la profusión de palabras o, lo que es lo mismo, de ideas preconcebidas que ya no son propiamente pensamientos.

Esto ocurre constantemente con los profesionales de la retórica y, demasiado a menudo, hay que reconocerlo, también con los predicadores.

Las frases se encadenan por sí solas según un mecanismo que, en realidad, es el de la costumbre.

Por el contrario, la corriente fluye tan solo allí donde la mente desarrolla algún poder de invención o de creatividad.

HAY RESIDUOS DEL PENSAMIENTO filosófico que estorban más o menos a todas las mentes, retazos aportados por los periódicos, las revistas o sencillamente las conversaciones. En la mayoría de los casos, habría sido mejor quemar estos residuos como se hace con las basuras domésticas, y no es una función menor del pensamiento filosófico el proceder a esta suerte de incineración.

Tenemos que rechazar de una vez por todas una imagen: la de un escaparate o un muestrario en el que se exponen distintas filosofías, unas junto a otras, para que el cliente escoja entre ellas. Esta comparación es absurda, pues semejante yuxtaposición solo es posible hacerla con objetos, con cosas. Una filosofía no puede, en ningún caso, ser tratada de esta manera, pues en cierto modo es una experiencia —yo casi diría que un acontecimiento— dentro de una aventura mucho más vasta, la del pensamiento humano en su conjunto, o incluso dentro de algo que probablemente trasciende esta aventura, ya sea la manifestación del Espíritu y del Verbo, ya sea una teofanía.

De modo particular en nuestra época, existe en todo ser pensante, desde luego no de forma continua sino a ratos, algo así como un rudimento de experiencia filosófica. Diré sin dudarlo que esta experiencia se presenta como una especie de estremecimiento ante las grandes realidades misteriosas que confieren a toda vida humana su marco concreto: el amor, la muerte, el nacimiento de un niño… En mi opinión, hay que afirmar, sin dudar lo más mínimo, que toda emoción personal que se suscita al contacto con estas realidades es como un embrión de experiencia filosófica. Casi todos los seres humanos han sentido en ciertos momentos privilegiados esta necesidad de iluminación, de recibir una respuesta a sus interrogantes.

LA NADA. ¿Puede ser considerada la nada como el trasfondo sobre el que viene a ponerse el ser?

Me pregunto si la nada no desempeña una suerte de papel intermedio y dudoso entre una posición inicial y una posición ulterior del ser. Confieso que me repugnaría admitir una especie de primacía de la nada. Creo que eso es falso psicológicamente; metafísicamente no creo que se pueda sostener ni un segundo.

Con otras palabras: no creo que se pueda afirmar seriamente que el problema del ser implica una suerte de prioridad del problema de la nada. Creo que la nada es, en cualquier caso, algo posterior.

Admiración. El verbo *levantar* indica con mucha fuerza, y de la manera más exacta y significativa, el tipo de acción que ejerce sobre nosotros la admiración.

Es completamente verdad que cuando, por ejemplo, con ocasión de una obra poética o musical, expresamos el entusiasmo que nos produce a una persona que no lo comparte, no solo nos parece que el otro permanece en el suelo mientras que nosotros volamos, sino que incluso podemos tener la penosa impresión de que él tira de nosotros hacia abajo, nos hace perder el equilibrio, y la violencia con la que protestamos contra su actitud indica de algún modo el esfuerzo con el que nos resistimos a él.

En efecto, lo propio de la admiración es que, en primer lugar, nos saca de nosotros mismos, del pensamiento de nosotros mismos; es la negación activa de una cierta inercia interior. Puede concebirse no solo como un impulso, sino también como una irrupción (el verbo «inundar» corresponde aquí a una realidad irrecusable); esta irrupción solo puede producirse en el interior de un ser que no forma consigo mismo un sistema cerrado, hermético, en el que ya no puede penetrar nada nuevo.

Las ideas de admiración y de revelación son, en realidad, correlativas.

LA VALENTÍA es la virtud sin la cual la persona se niega a sí misma. Consiste ante todo en mirar la verdad de frente, se opone al engaño en todas sus formas. No solo al engaño, también al fingimiento. Pero sabemos que el esclavo está condenado a fingir y a engañar. Nosotros, que hemos sufrido la ocupación enemiga, no tenemos más que recordar los fraudes de toda clase a los que estábamos condenados por la presencia de nuestro enemigo en nuestro propio suelo; hasta el punto de que podíamos considerarlos no solo excusables, sino incluso necesarios, casi obligatorios. En este sentido, es indiscutible que toda ocupación del enemigo es una escuela de inmoralidad.

DE LO SECRETO
A LO MISTERIOSO

Todos nosotros podemos conectarnos lo suficiente con nuestra infancia como para revivir aquella exaltación que experimentábamos entonces no solo cuando estábamos en posesión de algún secreto, sino también cuando hacíamos valer ante otro –un amigo, un hermano, a veces incluso nuestros padres– la superioridad que nos confería dicha posesión. Porque se trataba precisamente de una posesión, la más ennoblecedora que había. ¿Cómo no iba a tratarse el secreto como algo que uno posee y de lo que el otro, por el contrario, está desprovisto?

Y, ADEMÁS, permitiríamos que se nos escapara lo esencial si omitiéramos la oposición, agradablemente sentida por el poseedor del secreto, entre su propia riqueza y la indigencia del no iniciado. Lo sorprendente aquí es ante todo la analogía entre el secreto y el lugar donde el niño se esconde; no necesitamos recurrir aquí al simbolismo del que abusan los maniáticos del psicoanálisis. Lo que importa en los dos casos es la presencia de un elemento de esencia mágica, es el ascenso a lo invisible, o también, por emplear un vocablo metafísico tan devaluado que ya nadie discierne su sentido exacto, a la trascendencia en su forma sin duda más primitiva.

El niño oculto en su escondite experimenta una verdadera embriaguez al observar a quienes lo buscan, al ver sin ser visto. Él está ahí y no se le escapa ninguno de los movimientos de los otros; nos parece oír esa especie de risita extasiada y mal reprimida del niño pequeño que no logra dominar su exaltación. Porque participa del privilegio del que gozan sin duda los habitantes del mundo invisible, a quienes se les ha concedido espiarnos, pero cuya presencia, por desgracia, no se nos revela más que con indicios transitorios e inciertos.

En el sentido más estricto del término, ¿no es acertado decir que el ser invisible es trascendente? Lo maravilloso es que está a la vez aquí y en otra parte; está entre los que se esfuerzan vanamente por abarcarlo y apoderarse de él, pero al mismo tiempo está más allá, puesto que se le ha concedido un privilegio, y para los demás este privilegio solo puede ser objeto de sospecha.

El poseedor de un secreto goza de una situación análoga. Yo sé algo que tú ignoras y que los demás ignoran también. Me cuidaré muy mucho de entregarte mi secreto; además, no tengo derecho a hacerlo, no me pertenece, y tengo motivos para enorgullecerme de la confianza que ha depositado en mí quien me lo ha confiado. Pero, aunque estuviera autorizado a divulgarlo, me abstendría de hacerlo. Disfruto cuando merodeas a mi alrededor aventurando unas hipótesis que me parecen a cual más loca y divertida, a mí que sé la verdad.

Un fenómeno destacable es precisamente esa especie de iridiscencia afectiva que parece producirse en la superficie de mi secreto –asimilado también aquí a un objeto, a un talismán que llevaría conmigo– debido a las suposiciones que acuden a rozar, a acariciar su superficie resistente, y se presentan como gestos, como torpes aproximaciones, a veces como una red que se lanzara.

El secreto se sitúa así, para el niño que se jacta de poseerlo, en el centro de una suerte de baile que le alegra el corazón. Pero casi siempre llega un momento en que el niño se repliega receloso en su secreto y se encierra en un mutismo arisco.

Ciertamente, existe una dialéctica del secreto que la razón percibe con facilidad. Mi secreto solo tiene valor para mí en la medida en que tú conoces su existencia y, al mismo tiempo, ignoras cuál es su naturaleza. En realidad, gana en tanto en cuanto tú te esfuerzas por descubrirlo. Sin embargo, no es imposible que, con el tiempo, tú consigas desvelarlo. Sí necesito que tú renuncies a conquistarlo; mas si pierdes el interés por él, será como si el secreto ya no existiera, como si se apagara una bengala.

¿No es esta, a fin de cuentas, la tragedia que se abate sobre todas las posesiones, cualesquiera que sean? Entendidas en su condición de posesiones, ¿acaso no toman lo mejor que son de las codicias que despiertan en el fondo de los ojos del prójimo?

Ahora bien, estas observaciones están lejos de agotar la esencia del secreto. Solo el niño –o el adulto que conserva algunos vestigios de infantilismo– se complace en atizar en el otro una curiosidad que él está muy decidido a no satisfacer.

Podemos decir que, en un ser formado, el secreto se parece cada vez menos a un objeto que se posee, a un cofre que se guarda bajo llave, porque es vivido cada vez más íntimamente. Si, por ejemplo, yo soy depositario de una noticia que se me ha confiado bajo el sello del secreto, sabré muy bien que, si quiero cumplir mi palabra, debo por eso mismo cuidarme de no mostrar que estoy informado de un hecho que se me ha prohibido revelar.

Hacer alarde de la confianza que me han mostrado sería ya, de algún modo, traicionarla. En otras palabras, que, en lugar de hacer ostentación de mi secreto, estoy obligado a hacerlo propio. Tengo que meterlo en mí, lograr que pase a formar parte de mí mismo.

Tal vez tendré incluso que desacostumbrarme a formulármelo, puesto que mientras me lo repito conservo la posibilidad y, por consiguiente, la tentación de transmitirlo, de divulgarlo. Por más firmemente que esté decidido a no revelarlo, el secreto conserva en sí un germen de muerte mientras yo no haya logrado disolverlo en mi propia sustancia. De ahí que exista un antagonismo real y contenido a la vez entre esta tendencia del secreto a decirse, a difundirse, y la voluntad de permanecer dueño de él.

EL VERDADERO SECRETO, con todo, no es en realidad el que me ha sido confiado: ¿acaso cada uno de nosotros no tiene en el fondo de sí mismo un ámbito que solo le pertenece a él y que protege con un celo inquebrantable contra las posibles intrusiones? Aunque en ciertos momentos pueda sentir como un prurito de divulgación: ¿divulgarlo no sería una forma de apagar la llama que lo consume?

Pero se muestra claramente aquí que un secreto auténtico no es algo que se tiene, no es nada comparable a una joya que se saca de un cofre para exponerla un día a las miradas ajenas; quizá, diría el psicólogo cínico, con la esperanza de que, al despertar la envidia en el fondo del corazón del otro, recuperemos el estremecimiento embriagador que vibraba en nosotros cuando decidimos adquirir esta piedra preciosa, este adorno.

A medida que es más y más nuestro el secreto, más auténtico se vuelve; y mejor comprendemos que divulgarlo no solo no es deseable, sino en última instancia imposible; de hecho, si se divulgara, cambiaría de naturaleza. Y esto resulta tanto más cierto cuanto que nuestro secreto más íntimo es sin duda el que ni siquiera logramos comunicarnos a nosotros mismos.

Este secreto es el que me separa de mí mismo, al menos de estas comparsas frívolas y murmurantes que en ciertos momentos transforman mi alma en un gallinero hasta que el dueño del lugar les impone silencio. Entonces recupero el sentimiento de soledad herida que nos asalta después de que se han ido ciertas visitas, como si la habitación, profanada por tantas palabras vanas, lugares comunes o paradojas indigentes, aspirara sin hacerse notar a alguna depuración impracticable.

Es entonces cuando, totalmente al límite, el secreto se une con el misterio y se confunde con él. Este misterio de mí mismo, que únicamente una ciencia sin cerebro y una filosofía sin corazón se obstinan en negar, es, por decirlo así, un secreto, pero cuya llave no me han entregado y quizá no exista en ninguna parte.

En efecto, sería pueril, y hasta sacrílego, pensar que Aquel que es más interior a mí que yo mismo es semejante a un propietario que, por prudencia, se ha abstenido de entregar a sus inquilinos que tan solo van a estar un año o una temporada las llaves de los armarios en los que duermen sus joyas de familia.

Si es verdad que pertenecemos al misterio, es justamente porque esta imagen, a la que resulta fácil recurrir con fines edificantes, es la más falaz que existe. Las sabidurías más elevadas, las místicas de cualquier clase, parecen haber reconocido todas que Dios es en nosotros como un huésped, y lo será mientras dure nuestro tiempo, más acá de una ruptura escatológica que resulta vano querer imaginar. Él ha querido que la morada que se me ha concedido permanezca siendo mía hasta el instante sagrado en que vuele en pedazos.

PERO SI HASTA ESE PUNTO de intimidad ella es *mi casa*, ¿por qué en ciertos momentos puede parecerme irreductiblemente misteriosa?

Ello se debe a que está encantada, quizá angélicamente encantada. Pero el misterio consiste en que ningún saber, del orden que sea, puede afectar a las relaciones que nos ligan con un Huésped cuya presencia en nosotros no se deja sorprender más que en breves destellos.

Tan solo la poesía, de un modo por completo excepcional, y sobre todo la música pueden intentar evocar, una por caminos alusivos y la otra mediante sus peculiares encantos, el astro velado cuya suave irradiación, familiar y a la vez intermitente, no se oscurece nunca de forma definitiva para un alma, a menos que esta se entregue a los ídolos que reinan sobre los páramos del corazón.

EL MISTERIO

EL CONOCIMIENTO DESTIERRA al infinito todo lo que cree abarcar… Tal vez el misterio es lo único que reúne.

Sin el misterio la vida sería irrespirable.

PODRÍAMOS CREER QUE LA GRACIA es refractaria a toda reflexión, pero esto solo es verdad respecto de esa reflexión elemental que es incapaz de reflexionar sobre sí misma. Allí donde la reflexión se ejerce en plenitud, es llevada a reconocer que pende de algo que la supera y que la hace posible.

Esta certeza es misteriosa, pero eso no quiere decir en absoluto que sea oscura; todo lo contrario, significa que se desprende de la luz, pues en cierto sentido ella es luz.

«Hay un hombre que busca la verdad únicamente mediante la razón y fracasa. Entonces, la verdad se le ofrece por la fe, y él la acepta. Tras aceptarla, la encuentra satisfactoria para la razón».

¿Paradoja? Es posible. Por mi parte, estaría dispuesto a pensar que no hay filosofía cristiana más que allí donde esta paradoja, este escándalo, no solo es admitido, aceptado, sino *abrazado* con una gratitud desmedida y sin restricciones.

Lo MISTERIOSO es distinto de lo problemático. El problema es algo que me encuentro y que me cierra el paso. Está por completo delante de mí. Por el contrario, el misterio es algo en lo que yo me encuentro comprometido, cuya esencia, en definitiva, es no estar por completo delante de mí.

Es como si en esta zona la distinción entre *en mí* y *delante de mí* perdiera su significado.

En la ciudad de Lyon, una noche de hace ya muchos años, en un momento muy doloroso de mi vida, se me impuso bruscamente un pensamiento:

«Abstenerse de rezar
es rechazar dejarse amar».

Este pensamiento me asaltó por sorpresa a mí, a quien siempre le ha resultado especialmente difícil la oración. Ocurrió todo como si viniera de otro lugar, de lo alto, como si yo tuviera que escudriñar su sentido.

Está claro que dicho pensamiento no tendría ningún significado si, como se cree con demasiada frecuencia, la oración fuera, por encima de todo, una petición. Pero cómo negar que puede ser también y más esencialmente una acción de gracias, es decir, un impulso hacia; y no podemos dejar de comprender que a través de este impulso, a raíz de este impulso, es como Dios puede hacérsenos presente y que, si permanecemos encerrados en nosotros mismos, si nos abandonamos al sentimiento de una soledad irremediable, es como si no permitiéramos a Dios darse a nosotros en el acto mismo mediante el cual nos elevamos hacia él.

Por otra parte, reconozco con toda sencillez que estos pensamientos son difíciles, que se necesita hacer un esfuerzo y que tal vez tiene mérito mantenerlos, es decir, a fin de cuentas, luchar contra esa inercia que, por desgracia, tenemos y que es la expresión, quizá imprecisa pero significativa, del pecado.

En el mundo que estamos viendo levantarse a nuestro alrededor a una velocidad que no es la propia de los desarrollos orgánicos, de los crecimientos vitales, encontramos a los seres tanto más separados cuanto más aglutinados están.

Pero la promiscuidad no tiene nada que ver con la fraternidad. Y no es casual que vaya acompañada de un estruendo ensordecedor, de modo que nadie se siente ya en casa.

La soledad es esencial a la fraternidad, como el silencio lo es a la música. Recordemos que la fraternidad es quizá, ante todo, una forma de respeto y que no hay respeto sin distancia, lo que quiere decir que cada ser humano debe disponer de un espacio interior sin el cual, inevitablemente, se marchita como una planta, como un árbol.

La sabiduría… La noción de sabiduría estalla… Por una paradoja que es solo aparente, hay que reconocer que el problema práctico y el problema metafísico tienden a confundirse. Quiero decir que no basta con exhumar tal o cual principio de antaño que únicamente nos servirá para empezar a reconstruir siempre y cuando se encarne. Y esta encarnación tan solo puede llevarse a cabo en lo más humilde y en lo más íntimo de la existencia humana, allí donde algunos hombres de buena voluntad se encuentran con el propósito de realizar una obra común.

Reconozco que esta llamada a la humildad tiene algo de decepcionante en una época como la nuestra, en que la etiqueta «mundial» se ha impuesto como un requisito ineludible cada vez que se pretende establecer una determinada organización. Pero precisamente esta costumbre y esta pretensión indican una de las ilusiones más perniciosas que existen.

No podemos estar más en desacuerdo con la idea según la cual, en el momento presente, no se puede pensar de manera válida si no se hace a escala mundial o planetaria.

Aquí, y en todas partes, lo que hay que despertar es el sentido de lo cercano, única salvaguarda posible contra unas calamidades que, ellas sí, seguramente serán mundiales.

Retomando una de esas comparaciones musicales por las que siento predilección, diré que, a partir del momento en que nos volvemos permeables a las infiltraciones de lo invisible, nosotros, que al principio no éramos más que unos solistas inexpertos y por tanto pretenciosos, tendemos a convertirnos poco a poco en los miembros fraternales y maravillados de una orquesta en la que aquellos a quienes indecentemente llamamos los muertos están sin duda mucho más cerca que nosotros de Aquel del que tal vez no hay que decir que dirige la sinfonía, sino que *es* la sinfonía en su unidad profunda e inteligible, una unidad a la que nosotros no podemos esperar acceder más que insensiblemente, a través de pruebas individuales, imprevisibles para cada uno, y cuyo conjunto es, sin embargo, inseparable de su vocación propia.

ESPERO en Ti por nosotros.

UNA LUZ QUE GOZARÍA
DE SER LUZ

DAR UNA COSA no es simplemente hacer que pase de un lugar a otro. Es transformarla, porque es incorporar en ella algo nuestro.

El don que me han hecho, si es de verdad un don, no viene solo a añadirse a algo que poseía previamente. Se sitúa en otra dimensión, la del testimonio. Es una muestra de amistad o de amor.

Lo es únicamente, por otra parte, a condición de ser reconocido como tal. En este sentido, puede equipararse a una llamada a la que tiene que corresponder un modo de acogida, de respuesta.

El ALMA DEL DON es la generosidad: una luz que gozaría de ser luz.

Lo propio de la luz es iluminar, iluminar a otros… Si goza de ser luz, solo puede querer gozar cada vez más.

Como la llama, la generosidad se nutre de sí misma.

EL RECOGIMIENTO, como toma de contacto con la fuente, desprende una luz (que no puede confundirse en modo alguno con la claridad de eso a lo que podemos llamar el entendimiento).

Recogernos nos proporciona ciertos recursos para el viaje interior que tenemos que hacer en dirección a este acontecimiento irrepresentable hacia el que vamos en una oscuridad casi completa.

¿Cómo podemos reconocer el misterio si no recuperamos la calma en nuestro interior? El recogimiento está ligado al acto por el que el sujeto hace silencio dentro de sí. En ese recogimiento en sí mismo es donde conviene buscar refugio.

Se podría decir que recogimiento y misterio son correlativos. No hay ontología posible, es decir, aprehensión del misterio del ser en el grado que sea, sino para un ser capaz de recogerse y de testimoniar por eso mismo que no es un puro y simple ser vivo, una criatura entregada a su vida sin control sobre ella.

AL MISMO TIEMPO hay que reconocer, sin embargo, que toda acción, en la medida en que es una opción, es una mutilación; podríamos decir, incluso, que es una injuria a lo real. La tragedia humana consiste, en parte, en que cada uno de nosotros está condenado a dicha mutilación, puesto que solo pasa a ser él mismo al cumplir esta condición, pero también porque está obligado a redimir esa falta, si es que es solo una, por una suerte de acción compensatoria que consiste, en el fondo, en la restauración de la unidad que él, con su opción, ha contribuido a quebrar.

Podemos preguntarnos si este valor compensatorio no confiere su sentido más profundo al acto religioso tal como se realiza en la oración y en el recogimiento, pero también en el poeta o en el artista.

Luz, es decir, identidad-límite de la verdad y del amor.

Esta luz tenemos que irradiarla los unos hacia los otros, sabiendo siempre que nuestro papel consiste, ante todo, y quizá exclusivamente, en no obstaculizar su paso *a través de nosotros*.

A pesar de las apariencias, es un papel activo: porque el yo es presunción, y dicha presunción está obligada a superarse o a romperse, y eso no es posible más que por la libertad, eso *es* la libertad.

Lo MEJOR DE MÍ no me pertenece, no soy en absoluto su propietario, sino únicamente el depositario.

Lo que importa es saber qué actitud voy a adoptar respecto de mis dones. Si los contemplo como un depósito que tengo que hacer fructificar –es decir, en el fondo, como la expresión de una llamada que me han lanzado, o a veces incluso como una pregunta que me han planteado–, no se me ocurrirá enorgullecerme y pavonearme ante el prójimo, es decir, ante mí mismo.

Pero, pensándolo bien, no hay nada en mí que no pueda o no deba ser contemplado como un don.

EL SACRIFICIO, en sí, es una locura. Pero una reflexión más profunda permite reconocer el valor de esta locura y comprender que, si el hombre la rechazara, caería por debajo de sí mismo.

Mi vida, cuando la sacrifico, no es «una cosa» que abandono para obtener «otra cosa». Es un todo.

Sin embargo, tiene que haber algo fuera de este todo, algo que debe ser salvaguardado a cualquier precio; de lo contrario, el sacrificio no tendría objeto.

En la raíz del sacrificio absoluto no encontramos solamente «yo muero», sino: «Tú no morirás».

¡Qué rudimentaria y falsa es la psicología que se representa el sacrificio del creyente como consecuencia de un cálculo! Es como si lo llevara una corriente de esperanza y de amor.

Partiendo del *alma consagrada* podemos conseguir disipar estos malentendidos seculares. Nos damos cuenta entonces de que el alma consagrada está al mismo tiempo habitada por una esperanza invencible; aspira a entrar con su Dios en una intimidad cada vez mayor, cada vez más completa…

DEL SER COMO LUGAR
DE LA FIDELIDAD

En lo más profundo de nosotros mismos no sabemos lo que ocurre, ni siquiera sabemos si ocurre algo. Echamos la red de nuestras interpretaciones en estas profundidades impenetrables a todas las miradas... y no sacamos más que fantasías; o, al menos, no podemos estar seguros de que se trate de otra cosa.

Solo que no existen únicamente las aguas inexplorables. Existe el mundo de la luz; allí ya no sacamos nada, sino que ¡nosotros mismos somos sacados! Este mundo es el de la Gracia: cada vez se vuelve más directo, más consistente a medida que creemos más en él; y esta creencia no puede ser ilusoria, puesto que las imágenes que utiliza las rompe a continuación para encontrar otras.

La fidelidad es lo contrario de un conformismo inerte. Es el reconocimiento activo de cierta presencia, o también de algo que puede y debe mantenerse en nosotros y ante nosotros como presencia, pero que, *ipso facto*, puede también ser ignorado, olvidado, borrado; y vemos aparecer así esta sombra de la traición que, para mí, envuelve todo nuestro mundo humano como una nube siniestra.

La desesperación y la traición nos acechan en todo momento. Y la muerte, al final de nuestra carrera visible, como una invitación permanente a la defección absoluta, como una incitación a proclamar que nada hay, que nada vale.

(GRITO DE UNA MADRE DESESPERADA por la muerte de su hijo). «No hace más que repetir frases sobre la voluntad de Dios, sobre sus caminos impenetrables. ¡Me da paja cuando necesito pan! Se atreve a decirme: 'Con el tiempo…'. ¡El tiempo! Ha dicho: 'Cicatrizar…'. Como si yo no llorara a mi pequeño Maurice tan amargamente como el primer día. Estos hombres no han vivido. Han visto sufrir, sin embargo; han recogido todas las confidencias, pero se diría que se pierden en la arena de su certeza, en una certeza reseca».

Todo nos obliga a reconocer que la fidelidad, incluso respecto de nosotros mismos, es difícil de practicar y de discernir. Para ser fiel a uno mismo hay primero que permanecer vivo, y precisamente eso no es fácil...

Al contrario de lo que pudiera pensarse, mi presencia para mí mismo no es evidente; por el contrario, está sujeta a eclipse, hay que reconquistarla una y otra vez.

Me preguntarán: «¿Qué es esta presencia, qué es este yo al que resulta tan difícil permanecer fiel?». Habrá que responder que es la parcela de creación que hay en mí, el don que se me ha concedido, por toda la eternidad, de participar en el drama universal, de trabajar, por ejemplo, en humanizar la tierra o, por el contrario, en hacerla más inhabitable.

EL HECHO, pura y simplemente, de conservar no comporta ninguna justificación espiritual; la fidelidad constituye un valor únicamente en la medida en que garantiza la permanencia de un alma o de un amor.

Pero alma y amor son algo vivo y cuya vida está en perpetua renovación. Esto equivale a decir que se desconoce por completo el sentido y el valor de la fidelidad si se ve en ella una forma de inercia; es y debe seguir siendo una llama.

Mas esta llama no puede arder en el vacío, está invitada a tomar cuerpo en actos y en obras que son testimonios.

HAY QUE PONER DE RELIEVE el hecho de que el amor, en el sentido más pleno y más concreto del término, el amor de un ser por otro ser, parece tomar como punto de apoyo lo incondicional: «Te seguiré queriendo pase lo que pase».

Podríamos decir también que el amor, lejos de implicar únicamente la aceptación del riesgo, lo exige: es como si reclamara una puesta a prueba de la que está seguro de salir victorioso.

A UNA IGNORANCIA fundamental del futuro se encuentra ligada la fidelidad. Cuando juro fidelidad a una persona, ignoro qué futuro nos espera, e incluso, en algún sentido, qué persona será ese otro mañana. Esta misma ignorancia es lo que confiere a mi juramento su valor y su importancia.

La única victoria sobre el tiempo participa de la fidelidad. (Profundas palabras de Nietzsche: «El hombre es el único ser que hace promesas»).

No puede separarse la fidelidad del juramento; es decir, implica la conciencia de lo sagrado. Yo me comprometo contigo a no abandonarte, y este compromiso es tanto más sagrado para mí cuanto más libremente lo suscribo y cuantos menos recursos tendrías tú contra mí si yo lo infringiera.

Por otra parte, sé que, por el hecho mismo de haberme comprometido absolutamente, se me concederá la manera de conservar mi fe: este juramento que, aunque en el origen y en su esencia sea un acto mío o, más profundamente, *porque* es un acto mío, se convierte así en el dique más resistente posible frente a todo lo que en mí tiende a la laxitud y a la disolución.

La fe no es algo que se tiene, algo que se posee, no es un privilegio. Si fuera así, ¿cómo podríamos mirar a la cara a aquellos a los que se les ha negado este beneficio?

No, la fe no se deja tratar así más que a partir del momento en que empezamos a traicionar, en el que decimos: «Nosotros… nosotros los católicos… nosotros los cristianos…».

¡Palabras que nunca hay que pronunciar!

Vista desde fuera, toda fidelidad parece incomprensible, impracticable, un desafío imposible y escandaloso. ¿Cómo ha podido este hombre –se preguntarán algunos– ser fiel a esa gorda de nariz chata, o a ese vejestorio anémico, o a esa pomposa engreída?

Lo que, visto desde fuera, parece un círculo (vicioso) se experimenta por dentro como crecimiento, o como profundización, o como ascensión. Nos hallamos en el orden de lo que no se puede ofrecer en espectáculo ni a los demás ni a nosotros mismos.

La MEMORIA no es una mera conservación, hay que considerarla más bien como una vigilia, como una vigilancia del alma atenta. Esta vigilancia es una lucha activa contra las fuerzas de dispersión interior, incluso podríamos decir de distracción.

Olvidar es faltar a la fidelidad. Hay que recordar siempre que la fidelidad es activa; todo lo contrario que una inercia.

DIÁLOGO

Pregunta: Uno de sus estudios más esclarecedores, que ha influido profundamente en muchos jóvenes antes de 1939, se refiere a la fidelidad creadora: es algo tan sorprendente, en apariencia, como la evolución creadora. Cuando pensamos en *evolución*, no pensamos en *creación* y, a la inversa, cuando pensamos en *fidelidad*, pensamos en *conservación*, *persistencia*, no en *creación*. ¿Qué lugar ocupa realmente este sentimiento, este movimiento existencial en su pensamiento?

–Pienso que es totalmente central. Resulta probable que estas palabras se me hayan impuesto al reflexionar acerca de la noción de una promesa que se mantiene. Esta noción ha pasado a ser completamente esencial para mí, y he podido constatar que en algunos casos esta fidelidad creadora había podido ayudar a las personas a vivir.

Tomemos el ejemplo de alguien que, al salir para un largo viaje, confía su hijo a un amigo… Para este amigo, la fidelidad no consistirá en devolver al viajero, a su vuelta, al niño exactamente igual que como se lo dejaron en el momento de la partida. Habrá tenido que tomar decisiones relativas a su educación y a su salud. Por el contrario, habría sido mostrarse infiel el decir: «Yo no quiero tomar ninguna iniciativa. Se trata de un objeto que debo restituir tal cual, exactamente como una sortija guardada en un cajón».

Pienso que esta noción de iniciativa creadora como expresión de la fidelidad es una noción muy importante, y llegaré incluso más lejos: pienso que el propio misterio de la Iglesia no puede comprenderse más que a partir de esta idea.

Pregunta: ¿No es posible reducir su parábola a la de los talentos del Evangelio (Mt 25, 14-30)? Pero, en este caso, ¿no sorprende esta productividad en la fidelidad? A la inversa, ¿no hay también una fidelidad unilateral cuando se trata de algo infinitamente precioso que, tal vez, sería eterno y que por ello no permite en absoluto las metáforas productivistas que usted ha vinculado, en este caso, a la creación?

–Yo no veo por qué iba a sorprender esta productividad. Lo que me parece chocante es que se emplee el término mismo de «pro-ductividad». He empleado la palabra «ini-ciativa», que en todo caso es mucho menos incómoda.

Ahora pienso que puede haber casos en los que, efectivamente, la fidelidad no im-plique ninguna clase de transformación, por ejemplo, la fidelidad a una palabra dada. Es muy cierto que, en este caso, no podemos ha-blar de creación, pero para mí es el caso lími-te, porque pienso que la fidelidad es algo que posee una suerte de eficiencia, una suerte de eficacia. Siempre me lo ha parecido.

EL ENCUENTRO
CON EL MAL

ME GUSTARÍA ABORDAR aquí lo que denominaré una «experiencia de pensamiento» en el espíritu de la filosofía existencial. Esto quiere decir que no voy a analizar una noción, sino que voy a preguntarme cómo nosotros, los seres humanos, nos encontramos con el Mal y qué se puede decir de este encuentro.

Hace ya algún tiempo, cuando me encontraba con los estudiantes para que me presentasen sus trabajos, al concluir la exposición los invitaba siempre a llevar a cabo una práctica inusual para ellos: dramatizar.

«Imaginémonos –les decía– a una persona que se está enfrentando con un problema como ese del que usted acaba de hablar, por ejemplo, un problema en el que interviene la responsabilidad individual. Y preguntémonos si lo que usted termina de exponer podría servirle de ayuda, o sea, si podría resultarle útil para orientarse en esa especie de noche en la que se debate.

Pero, para responder, usted tendrá que ponerse en el lugar de esa persona y dejar de ser simplemente un orador que habla en un aula universitaria y, por tanto, reconozcámoslo, en un medio irreal. Así dispondrá usted del único criterio que permite reconocer si, en su exposición, ha dicho algo real o si se ha contentado con encadenar una palabra tras otra».

Ocurre con mucha frecuencia, yo diría incluso que en la mayoría de los casos, que la reflexión no se puede ejercitar allí donde falta la imaginación, y añadiría que no hay caridad, *agape* digno de este nombre, sin imaginación.

En esta experiencia de pensamiento, que se ha planteado hace un instante tal como acabo de explicar, me parece deseable partir de la amenaza.

Si no estoy equivocado, solamente puede haber Mal para un ser susceptible de ser amenazado. Por otra parte, la amenaza es tanto más amenaza cuanto más difusa es; o dicho con otras palabras, cuando menos se deja identificar. Por este motivo, parece implicar una cierta confusión tanto por dentro como por fuera.

Un hombre amenazado es comparable a los defensores de una ciudad asediada: no está seguro de que el asaltante no tenga cómplices dentro de la propia ciudad. Se siente traicionado, y la misma inquietud que experimenta frente a esa supuesta traición, aunque no resulte evidente, viene a añadirse a su turbación.

Esta palabra, *turbación*, juega aquí un papel decisivo. Creo que es sobre ella sobre la que hemos de hacer hincapié antes de nada, si realmente pretendemos proceder a una puesta en cuestión del Mal. Ahora bien, si por el contrario hacemos abstracción de ella, entonces nos colocamos fuera de la situación concreta de ese ser humano que se enfrenta con el Mal.

ESTE ENCUENTRO tiene lugar de noche. Por eso mismo se diferencia de todos los encuentros que podemos tener durante el día con alguien al que vemos frente a nosotros y que se nos presenta a cara descubierta.

Remito aquí al episodio de *Sous le soleil de Satan* (*Bajo el sol de Satán*), de Georges Bernanos, en el que el abad Donissan se encuentra con el demonio. Y precisamente porque este encuentro tiene lugar de noche, no se produce sin que el ser humano vacile y pierda –o esté a punto de perder– el equilibrio.

Lo propio del Mal es tomarnos por sorpresa, o *apuñalarnos por la espalda*, de una manera demasiado radical como para que podamos realmente realizar esa operación habitual que consiste en identificar al culpable.

Esto equivale a decir que es completamente disparatado imaginar cualquier posibilidad de tratar el Mal como si fuera un personaje de una novela policíaca, en la que el inspector X, a fuerza de tenacidad y astucia, logra identificar al autor del crimen. Hablar del autor del crimen es introducir cierta dualidad entre el agente y el acto.

Toda investigación postula esta dualidad, está orientada necesariamente a la solución de la pregunta «¿quién es el que…?». Y, una vez resuelta esta cuestión, el policía puede y debe considerar terminada su tarea. No tiene que preguntarse sobre la relación íntima, tal vez metafísica, entre el agente y el acto. No ocurre exactamente lo mismo, al menos en apariencia, en lo que concierne al juez y al jurado, puesto que estos podrían tener que preguntarse si existen circunstancias atenuantes, si la responsabilidad es completa, etc.

Volvamos, mediante un ejemplo, a lo que he llamado el encuentro con el Mal.

Pensemos en un niño que siempre ha confiado plenamente en sus padres. Su madre le ha enseñado que no hay que mentir. Él nunca ha puesto en cuestión lo bien fundado de este mandamiento, aunque a veces lo ha infringido; y, cuando ha mentido, sabía perfectamente que eso no estaba bien. Pero esta conciencia, más o menos clara, de obrar mal no tiene nada en común con lo que yo llamo el encuentro con el Mal.

Supongamos ahora que un día sorprende a su madre en flagrante delito de mentir. Es como si de repente le clavaran una puñalada por la espalda, literalmente deja de saber dónde está: el ser en quien depositaba su confianza lo ha traicionado; o, incluso, su fuente de valores ha sido contaminada.

Una situación así tiene como consecuencia la imposibilidad de sacar una conclusión: ¿habrá que creer que la madre es culpable porque ha infringido una regla que conserva su valor por sí misma? ¿O habrá que pensar, por el contrario, que esta regla es en sí misma insignificante y que, por lo tanto, la infracción también lo es?

Pero entonces, ¿cómo entender que esta misma regla haya sido presentada como imprescriptible? Por otra parte, si la madre es culpable, ¿cómo conciliar este descubrimiento con los sentimientos de respeto y admiración que el niño mantenía hacia ella? Yo, el niño, ¿debería decirme que mi madre es realmente alguien como yo, tan falible como yo? Y en ese caso, ¿qué actitud podría adoptar a partir de ahora hacia ella? ¿Acaso se ha acabado el respeto que ella me inspiraba? ¿Es que mi madre, por todo ello, ha dejado de ser mi madre?

Del todo distinto es el ejemplo que voy a poner ahora, aunque en cierto modo puede parecer complementario del primero.

Hace meses me hablaban de un joven que irradiaba fuerza e inteligencia y que parecía destinado a una vida feliz y fecunda. Al volver de vacaciones, sintiendo una ligera perturbación, va a ver a su médico; le hacen análisis, un examen radiográfico, y resulta que padece un cáncer de rápida evolución y que en apenas unos meses se producirá un desenlace fatal.

Una vez más, y de manera aún más clara que en el caso anterior, se trata sin duda de un encuentro con el Mal, y esta vez el Mal se presenta también como traición, exactamente como una puñalada por la espalda. Es obvio que no es fácil dar un nombre a lo que aquí ocuparía el lugar de la madre del ejemplo anterior; y, además, la designación exacta no tiene mucha importancia. Tampoco es necesario saber si este joven era creyente o no, en el sentido estricto y confesional del término.

Lo que ciertamente podemos decir es que su vida estaba regida por una suerte de confianza implícita en unas fuerzas que quizá él no necesitaba en absoluto nombrar, pero cuyo concurso armonioso garantizaba el ejercicio de sus facultades. Este concurso era necesario en todos los casos, cualesquiera que fueran esas facultades, tanto si se trataba de un deportista, de un hombre de acción, de un sabio o de un artista.

El sentimiento de plenitud que acompañaba sus más pequeñas acciones no era otro que la seguridad implícita acerca de este concurso: no había el menor motivo para suponer que se le iba a privar de él. Repito lo que he dicho antes: es muy evidente que aquí la distinción entre lo externo y lo que no lo es apenas significa nada. Es indiferente que digamos que aquí todo es exterior o que nada lo es. Pero resulta que, en unas condiciones imprevisibles y escandalosas, se ha retirado este concurso.

Se impone a la mente, de modo irresistible, una comparación, la de alguien cuyo sustento o cuyos estudios, por ejemplo, se encuentran asegurados gracias a un tercero que bruscamente, sin ningún motivo claro, retira su ayuda económica. La comparación sería más impactante todavía si suponemos que el benefactor se ha mantenido siempre en el anonimato. De pronto, se acabó. El que ha sido abandonado escribe; no hay respuesta. El dinero llegaba por medio de un notario que declara no estar autorizado a revelar el nombre de la persona que lo enviaba. Se produce entonces un vacío incomprensible. En los dos casos se carece de una ayuda que resultaba indispensable y se creía segura; en los dos casos falta cualquier explicación, para absoluto desasosiego de la persona abandonada.

Comprendamos bien el sentido trágico y de algún modo insondable del término desasosiego. En ambos casos se da la misma ausencia radical de recursos. En el caso del enfermo, no se trata simplemente del hecho de que no sepan curarlo. Lo que falta es una respuesta, cualquiera que sea, a la enloquecedora pregunta «¿por qué?».

¿Cómo puedo entender que tantas promesas que parecen haber sido hechas, ignoro además por qué o por quién, se hayan de pronto reducido a la nada? No solo no logro comprender qué sentido puede tener esta espantosa situación, sino que ni siquiera puedo saber si tiene algún sentido.

A PARTIR DE ESTA SITUACIÓN –cuyo carácter desgarrador, e incluso extremadamente angustioso, que no he buscado atenuar en absoluto– es como habrá que preguntarse cómo debe ser superado el Mal.

Quien se esfuerza por reflexionar filosóficamente acerca del Mal, sin poner en juego esta imaginación que, se piense lo que se piense, es inseparable de la auténtica caridad –haciendo abstracción de este dato irreductible que es el encuentro con el Mal–, se condena a permanecer al margen del tema que se propone tratar. Por consiguiente, todo lo que pueda decir carecerá de importancia o, más exactamente, de efecto sobre algo que deja de ser una realidad para convertirse en un vago concepto.

Me parece que esto que llamamos –sin duda de forma inapropiada– el problema del Mal solo puede abordarse dentro de una comunicación concreta de un ser a otro ser.

Nos encaminamos hacia la idea, filosóficamente insólita, de que no podemos abordar efectivamente a una persona visitada por el Mal más que a condición de entrar con ella en una relación que es, en última instancia, una participación o una comunión. Esto quiere decir, ni más ni menos, que este Mal no puede, en absoluto, seguir siendo para nosotros una anomalía que haya que explicar o que reducir.

CREO QUE HA LLEGADO el momento de presentar una observación que un día me hizo alguien que, sin ser filósofo de profesión, me ha parecido siempre dotado de una penetración excepcional:

> En el fondo, allí donde interviene el Mal, la muerte comienza invariablemente su obra, el Mal anuncia la Muerte, es ya la Muerte.

Sin embargo, también aquí debemos tener cuidado con las reducciones deformantes a las que un pensamiento técnico tiende casi inevitablemente: por ejemplo, la que consiste en decir que la Muerte forma parte de cierta economía, o incluso de un orden que la supone.

Pero precisamente vemos aquí, con mucha exactitud, cómo se opera la sustitución falsificadora –el «giro fraudulento»– de la que he hablado en varias ocasiones. Ya no se trata de la muerte *hic et nunc* que viene a devastar una vida concreta, a arruinar un determinado amor, a interrumpir brutalmente una determinada comunión, sino de la Muerte en general, la que no concierne a nadie en particular y, por tanto, de la que se puede disertar cómodamente a todos los niveles, desde las precisiones de la bioquímica hasta los lugares comunes de cierta filosofía moral.

Pero eso no es todo: queda incluso sitio para una edulcoración sistemática. Me refiero a aquella que se expresa en un espiritismo reconfortante que cree poder domesticar la Muerte, sacarle su aguijón, o incluso transformarla en una mera parte del juego del escondite o de la gallinita ciega.

En absoluto desearía que se malinterpretara mi pensamiento. Considero que existen poderosas razones para admitir que algunas comuniones, en apariencia rotas, pueden restablecerse más allá del «poco profundo riachuelo calumniado, la muerte», como dice Mallarmé. Pero creo también que se trata de gracias, de fulguraciones imprevisibles, y que habría mucho que perder si pretendiéramos encontrar en ellas algo parecido a conquistas técnicas que cualquiera podría lograr siempre que se empeñara con la suficiente tenacidad.

Existe un equilibrio extraordinariamente difícil de mantener aquí entre, por una parte, una credulidad infantil y, por otra, una desconfianza sistemática que puede degenerar en un verdadero poder de obstrucción.

He hablado de destellos. Se trata de relámpagos liberadores, que están ahí para asegurarnos, o para confirmarnos en la seguridad de que ahí donde una filosofía orgullosa y ciega pretende convencernos de que no existe más que un vacío, una nada, hay sin duda, por el contrario, una plenitud de vida, las maravillosas reservas de un mundo donde pululan las promesas, donde todo lo que existe está llamado a la comunión universal, donde ninguna posibilidad, ninguna oportunidad puede perderse irremisiblemente.

No obstante, nuestra estructura humana es tal que este inmenso consenso creador solo podemos presentirlo. Por desgracia, la desesperación posee infinitos recursos para cegar los caminos por los que estos destellos regeneradores llegan hasta nosotros. Y hay que afirmar con fuerza que una filosofía que, cediendo a las complacencias del optimismo, se niega a conceder su lugar a la tentación de la desesperación, ignora muy peligrosamente un dato fundamental de nuestra situación.

De alguna manera, esta tentación reside en el centro mismo de nuestra condición. Falta saber, no obstante, si no se trata de la condición de una humanidad pecadora y caída.

Triunfo del Mal, triunfo de la Muerte, triunfo de la desesperación: en realidad son las diversas modalidades de una posibilidad única y terrible que se inscribe en el horizonte del *homo viator*, del hombre que camina por esta vía estrecha que es la suya, el «camino de la cresta» entre dos abismos.

SI LUCHO CONTRA EL MAL tal como no he dejado de evocarlo, es decir, a fin de cuentas, contra la tentación de desesperar de mí mismo o de los hombres, o incluso del propio Dios, es evidente que no lograré superar esta tentación replegándome sobre mí mismo, puesto que la asfixia nunca puede ser una liberación.

Mi único recurso, entonces, es abrirme a una comunión más vasta y quizá infinita, dentro de la cual el Mal que me ha visitado cambia, de alguna manera, de naturaleza. Ciertamente, al pasar a ser nuestro Mal, deja de atentar contra un amor centrado sobre sí mismo.

Pero eso no es todo: pasa a ser el Mal sobre el que *tú has triunfado*. ¿Quién es ese *tú*? Puede ser tal o cual persona cuyo ejemplo brilla en el horizonte de mi memoria, y aquí volvemos a recurrir a la comunión de los santos, cuyo valor salvífico nunca pondremos de manifiesto lo suficiente. Pero también puede ser –además, en última instancia, sin duda solo hay dos maneras de expresar una misma verdad, más allá del orden de tal

o cual– Aquel que sigue siendo para nosotros el Testigo, Aquel al que invoca todo testimonio, explícitamente o no.

En este punto, algunos protestarán, ¿no es esto consagrar el fracaso de la filosofía forzándola, en definitiva, a que penda del dato cristiano?

Esta objeción debe, por supuesto, tomarse muy en serio, pero la expresión *el dato cristiano* podría presentar, precisamente por ello, una ambigüedad que es importante denunciar. ¿Se trata únicamente de cierta historia milagrosa cuya autenticidad, para quien la considera tan solo con los ojos de la fe, no parece irrecusable?

Es obligado afirmar esto: lo que resulta obvio para cualquiera que haya meditado sobre la condición humana, sobre el ser humano, es el hecho de que, fuera de la catequesis cristiana, en ninguna parte se ha esclarecido del mismo modo el misterio de esta condición con profundidad. En consecuencia, no existe ninguna fenomenología de la existencia humana que pueda dispensarse de terminar evocando el doble misterio de la crucifixión y de la resurrección, el único capaz de proyectar sobre nuestra vida una luz que le dé sentido.

Pero el término *misterio*, que acabo de utilizar, es probablemente la palabra clave. Y es justo aquí donde tenemos que sustituir los términos «problema del Mal» por «misterio del Mal».

Frente al misterio del Mal, después de haberse desvanecido tantas posibilidades, la única vía abierta es la de una doble afirmación, cuya tensión debe mantenerse:

–El Mal es real. No podemos recusar esta realidad sin atentar contra la seriedad fundamental de la existencia, que no puede discutirse sin que la existencia degenere en un sinsentido o en una especie de payasada espantosa.

–Y, sin embargo, el Mal no es real *absolutamente hablando*. No tenemos que acceder a una certeza, sino a la fe en la posibilidad de superarlo, no de modo abstracto, ciertamente, adhiriéndose a una teoría o a una teodicea, sino *hic et nunc*.

Y esta fe que aquí se nos propone no existe sin la gracia, *es la gracia*. ¿Qué seríamos nosotros, qué sería nuestro extenuante caminar, qué es nuestra manera misma de existir sin esta Luz que es tan fácil de ver y de no ver, y que alumbra a todo hombre que viene al mundo?

[*Escrito tras la masacre cometida por los nazis en la población francesa de Oradour, el 10 de junio de 1944, donde fueron asesinadas más de medio centenar de personas indefensas*].

ME DICEN que, por desgracia, la especie de escándalo metafísico del que Oradour fue escenario ha producido los frutos de muerte que eran de esperar. Más de un parroquiano se ha apartado de la Iglesia, considerando que en ese día siniestro ha estallado ante todas las miradas la inexistencia, o la impotencia absoluta, del Dios al que se elevaban sus oraciones.

No sirve de nada encogerse de hombros. *Esta realidad*, *este rechazo* son demasiado comprensibles. El teólogo –digo precisamente el teólogo, no solo el cristiano– está obligado con todo rigor a entender tal actitud, y *no se trata aquí* de una mera comprensión intelectual, sino más bien de un acto muy parecido al de un dramaturgo que se pone en el lugar de uno cualquiera de sus personajes. Pero no me refiero a un simple movimiento de compasión sin alcance doctrinal. El teólogo está obligado a preguntarse con absoluta sinceridad si la noción de Dios que él propone puede resistir lo que denominaré la prueba de Oradour.

No dudemos en decir que, si la categoría tradicional y confusa de causalidad objetiva se aplica a Dios, esta prueba no puede más que desembocar, verdaderamente, en una derrota de la fe. El Dios que da el papirotazo inicial, primer motor y gran maquinista del universo, se convierte casi fatalmente en un Dios-objeto... Un Dios-objeto que nos trata como objetos hasta en nuestro fuero interno, donde toda protesta atrae su venganza.

Y la idea de un Dios-objeto es precisamente lo que da pie a que una tragedia como la de Oradour se vuelva generadora de ateísmo. Solo que esta idea del Dios-objeto –aunque varios teólogos hayan pretendido tanto tiempo lo contrario– es incompatible, muy probablemente, con lo más profundo y novedoso del mensaje cristiano.

EL ENCUENTRO
ES UNA LLAMADA,
LA LLAMADA
ES UN ENCUENTRO

UN DON, cualquiera que sea, nunca es simple y puramente recibido por un sujeto que no tenga que hacerle sitio dentro de sí mismo.

Lo cierto, muy al contrario, es que el don es una llamada a la que hay que responder. Es como si hiciera brotar en nosotros gran cantidad de posibilidades, entre las que tendremos que escoger las que concuerdan mejor con la invitación que se nos ha dirigido desde dentro y que, en el fondo, no es más que una mediación entre nosotros mismos y nosotros mismos.

Por fortuna, todos podemos experimentar un encuentro así, que rompe los esquemas de nuestra topografía egocéntrica. De un desconocido con el que nos encontramos por casualidad surge de pronto una llamada irresistible, que derriba todas las perspectivas habituales, exactamente igual que un golpe de viento derriba los planos escalonados de un decorado.

Lo que parecía cercano se vuelve infinitamente lejano, y a la inversa.

Por otra parte, se trata de unas brechas que suelen volver a cerrarse casi de inmediato.

Todos podríamos experimentar un encuentro que podría tener sobre nuestra vida una repercusión profunda, indefinida.

Es evidente que tal encuentro plantea, por así decirlo, un problema; pero vemos también con claridad que su solución se queda lejos de la única cuestión importante. Si, por ejemplo, me dicen: «Usted se ha encontrado con esa persona en ese sitio, porque a ella le gustan los mismos paisajes que a usted, o porque su salud la obliga a seguir el mismo tratamiento que sigue usted», vemos de inmediato que la respuesta es insuficiente.

En Florencia o en Engadine hay multitud de personas que supuestamente comparten mis gustos; en el balneario donde me curo hay una cantidad considerable de enfermos aquejados de la misma afección que yo. Pero la supuesta identidad de este gusto o de esta afección no nos acerca, en el sentido verdadero del término; no tiene que ver con la afinidad íntima, única en su género, de la que estamos hablando.

Por tanto, me hallo en presencia de un misterio… ¿Vamos a eludir la dificultad declarando que, después de todo, solo hay una feliz casualidad, una coincidencia? Inmediatamente surge del fondo de mí mismo una protesta contra esta fórmula vacía, contra esta negación ineficaz de algo que yo aprehendo con el centro de mí mismo: yo, que me pregunto por el sentido y la posibilidad de este encuentro, dependo de él, soy de algún modo interior a él, me envuelve y me comprende, por más que yo no lo abarque ni lo comprenda.

Por tanto, solo con una suerte de negación o de traición puedo decir: «Después de todo, esto podría no haber pasado y yo seguiría siendo el mismo que era, el que sigo siendo». Y tampoco debo decir de ese encuentro: «Me ha modificado como una causa externa». No, me ha cambiado desde dentro, ha actuado respecto de mí como un principio interior a mí mismo.

OTRO EJEMPLO. Todos los días me cruzo por la calle o en el metro con centenares de desconocidos, sin que esto lo experimente en absoluto como un encuentro. Todos esos desconocidos se nos presentan, en el fondo, como meros cuerpos que ocupan cierto lugar en el espacio vital en que tenemos que mantenernos y abrirnos camino.

Sin embargo, bastará con que suceda algo que, objetivamente hablando, no es nada, para que este plano se supere –por ejemplo, el tono con el que alguien pronuncie una frase tan simple como «Perdone», o la sonrisa que la acompaña–, para que brote inmediatamente alguna claridad que, por lo demás, no tiene nada en común con la de la inteligencia, pero que puede iluminar como un relámpago la oscuridad, o sea, la soledad por la que avanzamos como a tientas.

Supongamos ahora que, algunos días después, volvemos a encontrarnos «por casualidad», en casa de una tercera persona, con aquel o aquella cuya sonrisa nos había iluminado: este «vernos de nuevo» se nos presentará como significativo. Y si nos hacen observar con desdén que se trata de una mera coincidencia, tendremos la sensación muy clara, aunque injustificable, de que quien así habla permanece fuera de una realidad que no se deja reducir al esquema elemental, válido únicamente para las cosas, que designa el término «coincidencia».

Esto no quiere decir, en absoluto, que nos adjudiquemos el derecho a construir una explicación de algún modo mitológica de este encuentro, sino solo que este encuentro se sitúa en un nivel que es el de la interioridad, es decir, el del *desarrollo creador*.

MUY A MENUDO, tal vez casi siempre, el rechazo de una llamada toma la forma de una falta de atención; es la incapacidad de prestar oído a una voz interior, a una llamada dirigida a lo más íntimo de nosotros mismos.

Esta falta de atención, esta distracción es como un sueño del que cada uno puede despertar en cualquier momento. Puede bastar con que el distraído se encuentre en presencia de alguien en quien irradia la fe verdadera, esa fe que es una luz y que transfigura a aquel en quien habita.

LA AUTÉNTICA EXPERIENCIA CRISTIANA es la experiencia del santo, tanto la de san Vicente de Paúl como la de san Juan de la Cruz. Vemos muy bien que es una experiencia encerrada lo menos posible en los límites de la subjetividad; muy al contrario, es una experiencia que penetra en la realidad, orienta y la transforma.

Lo importante es saber qué tipo de comunicación se puede establecer entre una experiencia cristiana entendida de esta manera y lo que puede ser una experiencia religiosa de una naturaleza distinta, la cual depende de otra doctrina (siempre con reservas acerca del término «doctrina»), como, por ejemplo, la de un budista.

Para evitar las contradicciones que no podemos superar mientras permanecemos en el ámbito de los «ismos», mientras planteamos los problemas en términos absolutamente abstractos, en realidad tenemos que considerar unos *encuentros*.

Creo profundamente que estos encuentros son posibles, que son deseables, que permiten formas de comunión más ricas y, a veces, incluso más profundas que las que hemos experimentado en el pasado…

Creo que hay una polifonía espiritual que, por otra parte, no se puede establecer fácilmente, porque todos tenemos una ambición imperialista.

ESPERO EN TI
POR NOSOTROS

La esperanza es una espera, pero una espera activa, que supone paciencia. Ahora bien, la paciencia es algo difícil y activo.

La esperanza se opone a la pereza y a la costumbre. Lo vio muy bien Péguy cuando dijo que el alma que espera es lo contrario del «alma acostumbrada».

Algunas personas parecen incapaces de esperar; es como si les faltara esa facultad. ¿Es culpa suya? Lo dudo mucho. Es como si estuvieran paralizadas, y debo decir que estas personas son realmente dignas de lástima.

Si pensamos en la última guerra mundial y evocamos la trágica condición de los prisioneros, no podemos por menos que preguntarnos si la esperanza no podría considerarse siempre como una reacción activa contra un estado de cautividad. Quizá no seamos capaces de esperar más que en la medida en que nos reconocemos como cautivos.

Esperar es tener el convencimiento íntimo de que, más allá de cualquier apariencia, la situación intolerable que ahora atravieso no puede ser definitiva, debe tener una salida.

Tal vez lo propio de la esperanza es no poder utilizar directamente o incorporar ninguna técnica. La esperanza es propia de los seres desarmados; es el arma de los inermes o, más exactamente, es justo lo contrario de un arma y en ello reside su misteriosa eficacia.

¿No está claro en ciertos casos que la eficacia de la esperanza reside en su valor desarmante?

Al oponerme a una fuerza, es decir, al colocarme en el mismo terreno que ella, tiendo a mantenerla y a reforzarla, y es cierto que todo combate implica una suerte de connivencia fundamental entre los adversarios, una voluntad común de que el combate dure, voluntad que solo puede plantearse como legítima defensa. Por tanto, si esa voluntad choca con la no resistencia, se encuentra negada, se encuentra desarmada…

La esperanza es un impulso, un salto. No es solo una protesta dictada por el amor, es una especie de llamada, de recurso desesperado a un aliado que es también amor.

La naturaleza que no es iluminada por la esperanza solo se nos puede presentar como el lugar de una suerte de inmensa e inflexible contabilidad.

El alma tan solo existe por la esperanza; la esperanza es quizá la materia misma de la que está hecha nuestra alma. Desesperar de un ser ¿no es negarlo en cuanto alma? Desesperar de uno mismo ¿no es suicidarse por anticipado?

HABLEMOS DE LA DESESPERACIÓN. Se trata del acto por el cual uno desespera de la realidad en su conjunto; se presenta como la consecuencia o la traducción inmediata de cierto balance.

Por más que yo pueda apreciar lo real, no descubro allí nada que resista a un proceso de disolución, nada que me permita concederle un crédito, ninguna garantía. Es una constatación de insolvencia absoluta.

DESESPERANZA. Tiendo a no estar disponible en la medida exacta en que trato mi vida o mi ser como un tener que puede ser, de algún modo, cuantificable, susceptible de ser dilapidado, agotado o hasta volatilizado.

Voy a encontrarme en el estado de ansiedad crónica de un hombre suspendido sobre la nada, que posee, en todo y para todo, una pequeña suma de dinero que pretende hacer durar el mayor tiempo posible, porque, cuando la haya gastado, ese hombre ya no tendrá nada.

Esta ansiedad es una preocupación que roe, que paraliza, que viene a detener todos los impulsos, todas las iniciativas generosas. Hay que tener en cuenta que la ansiedad y la preocupación pueden reducirse a un estado de inercia interior, dentro del cual el mundo se vive como estancamiento, como putrefacción.

Sɪ ɴᴏ ᴇsᴛá ʀᴏᴅᴇᴀᴅᴀ de un halo, de una aureola de amenaza de desesperación, la esperanza no es verdaderamente esperanza.

En esencia, la esperanza es profética, cosa que no ocurre en absoluto con el deseo.

Por ser profética, va más allá de la ansiedad, lo cual no excluye, por supuesto, que el ser que espera y que sigue siendo una criatura carnal permanezca por momentos en los niveles inferiores de sí mismo, tributario del miedo o de la angustia. No obstante, la parte del alma que espera está como iluminada por una luz.

La única esperanza auténtica es aquella que se dirige a lo que no depende de nosotros, aquella cuyo resorte es la humildad; no el orgullo, que consiste en no encontrar la fuerza más que en uno mismo, que despoja a quien lo experimenta de cierta comunión con los seres y que tiende a actuar como un principio de destrucción. Destrucción que, además, puede estar dirigida contra uno mismo, pues el orgullo no es incompatible en absoluto con el odio a uno mismo y puede, incluso, conducir al suicidio.

AMAR A UNA PERSONA es esperar de ella algo indefinible, imprevisible. Al mismo tiempo, es proporcionarle de algún modo la manera de responder a esta expectativa.

Sí, por paradójico que pueda parecer, esperar es, de alguna forma, dar. Pero lo contrario no es menos cierto: no esperar es declarar estéril a ese ser del que ya no se espera nada, privarlo, despojarlo de antemano –¿de qué exactamente?– de cualquier posibilidad de inventar o de crear.

Todo nos lleva a pensar que no podemos hablar de esperanza sino allí donde existe esta interacción entre el que da y el que recibe, esta comunidad que es la marca de cualquier vida espiritual.

Christiane: «No estamos solos, nadie está solo. Existe una comunión de los pecadores, existe una comunión de los santos».

Laurence: «No unimos nuestras debilidades. Si tratamos de hacerlo, lo único que lograremos, sin ninguna duda, es destruirnos mutuamente».

COMO UNA BRECHA a través del tiempo se presenta la esperanza. Todo ocurre como si el tiempo, en lugar de cerrarse sobre la conciencia, dejara pasar algo a través de él.

La esperanza tiene carácter profético. Indudablemente, no podemos decir que la esperanza ve lo que será, pero afirma como si viera; se diría que obtiene su autoridad de una visión oculta, de la que se le ha concedido informar, pero sin gozar de ella.

QUEDA LA GRAN PREGUNTA, la cuestión más importante: la muerte. La situación del hombre es tal que puede efectivamente verse asaltado por la desesperación. Puede sentirse rodeado por esta desesperación. Y yo diría –no solo como cristiano, sino también como metafísico– que, para mí, la esperanza es la esperanza de la salvación. Y, más exactamente, la esperanza de la resurrección.

Para mí, esto significa que la esperanza está, por su misma esencia y no de forma contingente, en un más allá. La muerte es realmente la aldaba. Podríamos tomar otra imagen y decir: el trampolín.

El trampolín donde se frena el tren de la esperanza, pero también el trampolín donde vuelve a tomar impulso…

SOLO CONSEGUIREMOS PRESERVAR el principio misterioso que ocupa el centro de la condición humana si logramos explicitar la cualidad propiamente *sacral* que posee.

Y esta cualidad se mostrará más claramente cuanto más nos interesemos por el ser humano considerado en su debilidad, por el ser humano desarmado, tal como lo encontramos en el niño, en el anciano, en el pobre.

CUALESQUIERA que hayan podido ser nuestras faltas y nuestras omisiones, tenemos que rememorar con gratitud todo aquello que en nuestras existencias, breves o largas, se nos ha concedido por una fuerza que no parece necesario nombrar, como la prenda o la semilla de una vida digna de este nombre, es decir, creadora y fraternal.

ESPERO en Ti por nosotros.

Espero en Ti, que eres la paz viviente; por nosotros, que estamos luchando todavía contra nosotros mismos y unos contra otros; para que se nos conceda un día entrar en Ti y participar de Tu plenitud.

MI MUERTE Y YO

Nos abriremos en la muerte a lo que hemos vivido en la tierra.

HAY ALGO QUE HE DESCUBIERTO tras la muerte de mis padres: que eso a lo que llamamos *sobrevivir* es, en realidad, *bajo-vivir*, y que esos a los que no hemos dejado de amar con lo mejor de nosotros mismos se vuelven como una bóveda palpitante, invisible, pero presentida y hasta rozada, bajo la que avanzamos, cada vez más encorvados, más alejados de nosotros mismos, hacia el instante en que todo será sumergido en el amor.

PUEDO en todo momento separarme lo suficiente de mi vida como para mirarla como una sucesión de sorteos de lotería. Algunos de ellos ya han tenido lugar; sin embargo, quedan números por salir. Tengo que reconocer, no obstante, que, desde el momento en que se me ha admitido a participar en este juego de azar, se me ha entregado un boleto en el que figura una sentencia de muerte. El lugar, la fecha y el cómo de la ejecución están en blanco.

Por otra parte, es muy evidente que, cuando considero los números que me han tocado en el pasado, constato que no puedo tratarlos como elementos que se puedan yuxtaponer. Estas suertes buenas o malas reaccionan unas con otras. Ni siquiera puedo asignar a estos números unos valores fijos. Podrán variar en función de los números que me quedan por jugar.

Observo además que el modo en que se me ha concedido recibir lo que me ha tocado en suerte sucesivamente también me puede parecer un número jugable. Por otra parte, se trata de un terreno poco claro, pues puede parecer que debo *ser* antes de *recibir*; y también que apenas puedo esperar trazar una línea de demarcación entre lo que yo llamaría confusamente mi naturaleza y los dones o las pruebas que se me han dispensado…

Sin embargo, en medio de tantas nubes que se acumulan, permanece invariable una certeza: yo moriré. Eso basta para que la muerte se me imponga como un astro fijo en el centelleo universal de las posibilidades, y el hecho de que sea así puede conferir a mi muerte respecto de mí una suerte de poder obsesivo y de algún modo paralizante. Incluso puede resultar que, presa del vértigo, yo ceda a la tentación de poner término a esta espera, a este miserable respiro cuya duración desconozco, puesto que estoy en una situación totalmente comparable a la del condenado a muerte que puede, de un día a otro, de un minuto a otro, verse arrastrado al patíbulo.

«El instante en que todo se sumergirá en el amor» no es, si puedo decirlo así, *evenemencial*. Está más allá, es aquello respecto a lo cual nuestra existencia puede tomar forma, y sin lo cual esta misma existencia corre el riesgo de caer en el absurdo y, en el sentido fuerte del término, en lo innombrable.

Pero esto llevaría a reconocer algo que me parece fundamental: que, desde una perspectiva más profunda, la consideración de la muerte del ser amado prima infinitamente sobre la consideración de la muerte propia.

He insistido tanto sobre esta preeminencia que no me parece necesario volver ahora sobre ello. Me limito a evocar la controversia, breve pero profundamente significativa, que se produjo entre Léon Brunschvicg y yo mismo en el Congreso de filosofía de 1937. Cuando él declaró entonces que la muerte de Gabriel Marcel parecía preocupar mucho más a Gabriel Marcel que la muerte de Léon Brunschvicg, yo le respondí que él planteaba muy mal la cuestión y que lo único digno de preocuparnos a ambos era la muerte del ser al que amábamos.

AMAR A UNA PERSONA es decirle: «Tú no morirás».

CREO PODER AFIRMAR que los que ya no son de este mundo, pero pueblan mi corazón, se me presentan cada vez más claramente, si no como intercesores, al menos como mediadores, de modo que los reencuentros a los que aspiro con todo mi ser solo pueden adquirir su sentido a la luz de Cristo.

La luz de Cristo: experimento una extraña emoción al articular estas palabras, puesto que para mí tienen algo de insólito, pero significan que, para mi espíritu, Cristo, en lugar de un objeto en el que podría concentrar mi atención, es mucho más una Luz, que además puede volverse rostro o, más exactamente, mirada.

«Tú no te contentarías con un mundo del que se hubiera marchado el misterio». Lo incomprensible puede desprender una luz a partir del momento en que pasa a ser el lugar de una comunión auténtica. Si, a pesar de todo, sigo siendo cristiano es, me parece, porque me adhiero al misterio de la Comunión de los sufrientes y a su enraizamiento en la vida y en la persona de Cristo.

Espíritu de metamorfosis,
cuando intentemos borrar la frontera de nu-
    bes que nos separan del otro reino,
¡guía nuestro entusiasmo de novatos!
Y cuando suene la hora prescrita,
¡despierta en nosotros el gozo del caminante
    que cierra su mochila
mientras, tras el cristal empañado,
avanza la imprecisa eclosión de la aurora!

RECORDATORIO
NOTA BIOGRÁFICA
ÍNDICE

RECORDATORIO

Xavier Tilliette

Sin ser en absoluto un marginal de la filosofía como su amigo Gustave Thibon, Gabriel Marcel pertenecía a la categoría bastante rara de los *Privatdenker*, pensadores privados, independientes, de la que forman parte figuras tan ilustres como Salomón Maimón, Baader, Kierkegaard y el propio Schopenhauer. El pensador privado, aunque dé clases particulares, renuncia a la enseñanza pública y a la carrera universitaria para dedicarse al estudio y a la reflexión fuera de las servidumbres y las prebendas de la profesión. Puede alcanzar, a pesar de su aislamiento, una notoriedad y una influencia considerables, y rivalizar con los más grandes maestros.

Descontado Marcel, en el último siglo podemos citar a intelectuales como Berdiaeff, Groethuysen, Franck-Duquesne, Max Picard, Brice Parrain, Gaston Fessard… Sin ellos, la filosofía no solo se empobrecería, sino que perdería esa pizca de originalidad, esa libertad de acción y de creatividad que con frecuencia desaparece entre los funcionarios dedicados a la docencia por causa de la rutina de los programas y de la enseñanza reglamentada. En este sentido, *Privatdenker* es casi sinónimo de *freier Denker*, pensador libre.

A Gabriel Marcel no le incomodaba su condición precaria, que entendía que era el precio que pagar por su libertad. De hecho, concordaba con su temperamento espontáneo, impulsivo, eléctrico, nada inclinado a la erudición y las investigaciones minuciosas. Marcel era intuitivo y agudo, aficionado a los atajos, pero también a demorarse en largas caminatas antes de alcanzar la meta. Poseía varios registros. Y si bien el teatro gozaba de sus preferencias, le gustaban asimismo la música, la literatura, la crítica dramática y la traducción, aunque la filosofía seguía siendo su ocupación principal.

Viene al caso recordar que su pensamiento heurístico se expresaba de diversas maneras, preferiblemente en la forma de un diario, porque se adecuaba a la actividad de rumiar y porque le permitía mantener una atención siempre alerta. El suyo, exento de confidencias, es un diario que le permitía dialogar sobre todo consigo mismo, aunque no desdeñaba un posible interlocutor. Al redactar su diario «metafísico», el joven profesor agregado y de formación elitista se hizo consciente de la invencible alergia que le producía el sistema y sus formas sistemáticas de exposición. No en vano, su reflexión avanza sin destino prefijado y con frecuencia da rodeos imprevisibles. Pero nunca vuelve vacía, y eso que la mayoría de sus apuntes son esbozos de artículos o de conferencias. Prueba de todo ello es que en el primer *Diario metafísico* se reúnen los materiales de una tesis.

El estilo de investigación de Gabriel Marcel, siempre en búsqueda y alerta, concuerda con la itinerancia, que él convirtió en la categoría por excelencia de su pensamiento. Por eso, la hermosa invocación al Espíritu de metamorfosis que ha abierto y cerrado esta colección de fragmentos es una suerte de talismán de toda su obra.

No nos cansaremos de repetir que Gabriel Marcel es el filósofo del diálogo. Su *Diario* apela a un interlocutor ficticio, y la díada es otra categoría significativa. Como docente ocasional, suplía la ausencia de oyentes estables con reuniones, conversaciones, visitas frecuentes y aquellas famosas veladas de los viernes. Acudía de buen grado a su obra teatral para nutrirse de ejemplos, y las circunstancias y los acontecimientos le daban ocasión para hacerse preguntas constantemente.

Pocas personas, hasta una edad muy avanzada, habrán estado tan atentas, habrán vibrado tanto con el entorno y con lo que ocurría en el mundo. Esto comunica a su obra una vivacidad y una frescura que la vuelven apta, como observó Étienne Gilson, para seguir granjeándose nuevos amigos.

La línea directriz de su obra, intrínsecamente ética y aun parenética, es simple, aunque se exprese en porciones dispersas.

Procede de la situación fundamental que es la existencia corporal, que oscila entre el tener y el ser, y en todo su desarrollo, donde la cronología apenas importa, está imantada o polarizada por el «misterio del ser», el ser como misterio. A pesar de la importancia creciente del ser, que ha prevalecido sobre la existencia, el misterio es lo que importa y lo que imprime su marca al itinerario.

Misterio se diferencia de problema y, por lo tanto, no resulta accesible con los medios habituales de la inteligencia, es decir, con las categorías lógicas y metafísicas, cuestionadas por Maritain y por Gilson. De ahí que se inventen otras nuevas, tales como el recogimiento, la invocación, la presencia, el testimonio, la piedad... recuperadas por la «reflexión segunda», verdadero instrumento de una filosofía concreta, surgida de un aliento o de un sobresalto existenciales.

Ahora bien, esta «metodología de lo inverificable» (Pietro Prini) sería estéril sin la aportación constante de lo diádico. El *Tú*, el amor al otro, es lo que abre la puerta de la esperanza y da acceso al universo sinfónico, a la «comunión en la luz» de la que tenemos nostalgia.

No obstante, este pensamiento alegre e infatigable no carece de un envés sombrío y hasta trágico, que el teatro pone al descubierto. Es una conquista, una reconquista sobre la desesperación y la posible defección (traición, suicidio); se escapa de la «trinidad maléfica» de lo técnico, lo colectivo y lo abstracto. Se basa en la importante categoría de la prueba, que es como un «juicio de Dios». Con todo, no la afronta sin el viático de la esperanza y, como último recurso, sin la visión de la santidad, cuyo paradigma resplandeciente lo ofrece el rostro entrevisto de Cristo.

Estas son, escuetamente apuntadas, las categorías bajo las que pueden ser de nuevo leídas y meditadas estas páginas que ponen de manifiesto el aliento auténtico de un pensador cuya escritura viva proporciona a su testimonio un brillo incomparable.

GABRIEL MARCEL, NOTA BIOGRÁFICA

Gabriel Marcel nació en París el 7 de diciembre de 1889 y murió en la misma ciudad el 8 de octubre de 1973.

Su padre, Henry Marcel, consejero de Estado y diplomático, fue administrador de la Biblioteca nacional, director de los museos nacionales y director de Bellas Artes.

Su madre, Laure Meyer, procedente de una familia de banqueros judíos, murió en el año 1893, y Gabriel fue educado por su tía Marguerite Meyer.

Tras obtener en 1910 un puesto como profesor agregado de filosofía, enseñó en Vendôme en 1912, y después en el liceo Condorcet de 1915 a 1918. Durante la guerra dirigió un servicio de la Cruz Roja cuya misión era encontrar combatientes desaparecidos.

En 1919 retomó la enseñanza en Sens y se casó con Jacqueline Boegner, hija del pastor

Alfred Boegner y prima del pastor Marc Boug-
ner. Jacqueline morirá en 1947.

En 1921 empezó a colaborar en la *Nouvelle
Revue Française* y allí conoció a Charles Du
Bos. Al año siguiente formó parte de los comi-
tés de lectura de *L'Europe nouvelle* y escribió
para *Sept*, *Temps Présent* y *La Vie intellectuelle*.

En 1925 se representó una primera pieza de
Gabriel Marcel, *La Chapelle ardente*, en el teatro *«du* Vieux Colombier»*, con puesta en esce-
na de Gaston Baty. Algunos años después, en
1938, se representará *La Fanal* en la Comédie
Française.

En 1929, respondiendo a la llamada de Fran-
çois Mauriac, se convirtió al catolicismo y recibió el bautismo el 23 de marzo. En 1934 conoció al P. Gaston Fessard y comenzó a participar
en las reuniones de los grupos de Oxford y a recibir a escritores y filósofos alemanes expulsa-
dos por el nazismo, Joseph Roth entre ellos. En
1936 empezaron a organizarse los «viernes»,
reuniones informales de filósofos y estudiantes
que tenían lugar en su domicilio, en el número
21 de la calle Tournon. En 1940-1941 conoció
a Jean Grenier y Edmond Michelet, y en 1946
conoció a Heidegger en Friburgo.

Gabriel Marcel no renunció nunca a su pasión por el teatro. Entre 1949 y 1953 se representaron en escenarios importantes tres grandes obras: *Un homme de Dieu, Rome n'est plus dans Rome* y *Le Chemin de crête*. Al mismo tiempo, entre 1945 y 1965 se encargó de la crítica teatral en *Nouvelles littéraires*.

A lo largo de su vida recibió numerosas distinciones y premios: el Grand Prix Littéraire de la Academie Française (1949), elegido miembro de la Académie des Sciences morales et politiques (1952), el Prix National des Lettres (1958) y el Prix *Érasme* (1969).

ÍNDICE

Aclaración, de Anne Marcel 7

TÚ NO MORIRÁS

Meditación 11

Espíritu de metamorfosis 12

Creo que he sido siempre un filósofo 13

Me inclinaría a negar 14

Para el pensamiento 15

Hay residuos del pensamiento 16

Tenemos que rechazar 17

De manera particular en nuestra época 18

La nada 19

Admiración 20

La valentía 22

De lo secreto a lo misterioso 23

Todos nosotros 24

Y además 25

Un fenómeno destacable 27

Ahora bien 29

El verdadero secreto 31

Es entonces cuando 33

Pero si hasta ese punto 35

EL MISTERIO 37

El conocimiento destierra 38

Podríamos creer que la gracia 39

Hay un hombre 40

Lo misterioso 41

En la ciudad de Lyon 42

En el mundo 44

La sabiduría 45

Retomando 47

Espero en Ti por nosotros 48

UNA LUZ QUE GOZARÍA DE SER LUZ 49

Dar una cosa 50

El alma del don 51

El recogimiento 52

Al mismo tiempo 53

Luz 54

Lo mejor de mí 55

El sacrificio 56

Qué rudimentaria y falsa 57

DEL SER COMO LUGAR DE LA FIDELIDAD ... 59

En lo más profundo 60

La fidelidad 61

La desesperación y la traición 62

Grito de una madre desesperada 63

Todo nos obliga 64

El hecho 65

Hay que poner de relieve 66

A una ignorancia 67

No puede separarse 68

La fe 69

Vista desde fuera 70

La memoria 71

DIÁLOGO 73

Primera pregunta y su respuesta 74

Segunda pregunta y su respuesta 75

EL ENCUENTRO CON EL MAL 77

Me gustaría abordar 78

Hace ya algún tiempo 79

En esta experiencia 81

Este encuentro 83

Volvamos 85

Del todo distinto 87

A partir de esta situación 91

Creo que ha llegado 93

He hablado de destellos 96

Si lucho contra el Mal 98

En este punto 100

Me dicen 103

EL ENCUENTRO ES UNA LLAMADA,
LA LLAMADA ES UN ENCUENTRO 105

Un don 106
Por fortuna 107
Todos podríamos 108
Otro ejemplo 110
Muy a menudo 112
La auténtica experiencia cristiana 113

ESPERO EN TI POR NOSOTROS 115

La esperanza 116
Tal vez lo propio 117
La naturaleza 118
Hablemos de la desesperación 119
Desesperanza 120
Si no está rodeada 121
En esencia 122
Amar a una persona 123
Christiane y Laurence 124
Como una brecha 125
Queda la gran pregunta 126
Solo conseguiremos preservar 127
Cualesquiera 128
Espero en Ti por nosotros 129

MI MUERTE Y YO 131

Nos abriremos 132
Hay algo que he descubierto 133

Puedo 134
Amar a una persona 137
Creo poder afirmar 138
Tú no te contentarías 139
Espíritu de metamorfosis 140

RECORDATORIO, de Xavier Tilliette 143
GABRIEL MARCEL, NOTA BIOGRÁFICA 149